Ba Be Bi Bo Bu

Nouvel Alphabet

PAR Mᵐᵉ Doudet.

PARIS

LIBRAIRIE THÉODORE LEFÈVRE ET Cⁱᵉ

ÉMILE GUÉRIN, ÉDITEUR

2, RUE DES POITEVINS

MME DOUDET

Ba Be Bi Bo Bu

NOUVEL ALPHABET ILLUSTRÉ

D'APRÈS LES AQUARELLES

DE

H. LEMAR

PARIS

LIBRAIRIE DE THÉODORE LEFÈVRE ET Cie

ÉMILE GUÉRIN, ÉDITEUR

2, RUE DES POITEVINS

LETTRES MAJUSCULES

A B C D E F G
H I J K L M N
O P Q R S T U
V W X Y Z

LETTRES MINUSCULES

a b c d e f g h i
j k l m n o p q r
s t u v w x y z

Toto et sa jeune sœur Linette voulaient faire le portrait de leur chien Loulou. L'un devait travailler et l'autre veiller à la bonne tenue du modèle.

Ayant pris un album, une plume et de l'encre, ils installèrent Loulou sur un tabouret, en lui recommandant d'être sage.

Alors Toto prit sa plume à pleine main, la trempa dans l'encre et commença.

Le jeune artiste avait déjà fait quelques traits, qui étaient, disait-il, le nez du toutou, lorsque, son ardeur l'emportant, il plongea trop brusquement la plume dans l'encrier.

Patatras! voilà tout renversé sur le tapis. Que dira maman?

ALPHABET PÊLE-MÊLE
MAJUSCULES

D L U B K R E Z O

S A J W Y C Q F T

G X N I P V M H

MINUSCULES

m p n g q c w a o

e k u d h v i x t

f y j s z r b l

CARACTÈRES D'ÉCRITURE
MAJUSCULES ET MINUSCULES

A B C D E F G H I
a b c d e f g h i

J K L M N O P Q R
j k l m n o p q r

S T U V W X Y Z
s t u v w x y z

CONSONNES

b c (ç) d f g h j k l m n p q r s t v w x z

VOYELLES

a e i o (œ) u y

— Que fais-tu donc, Lili?

— Moi, j'arrose les fleurs; le jardinier a dit que ça les fait grandir.

— Mais le tapis de fourrure, est-ce que tu veux aussi le faire grandir?

— Oh! dit Lili, souriant malicieusement, tu sais bien que non: une bête morte, ça ne pousse plus.

— Alors, ce n'est pas la peine de l'arroser.

PREMIÈRE LEÇON

Faire lire dans tous les sens.

ba be bi bo bu ca ce[1]

ci[1] co cu da de di do

du fa fe fi fo fu ga

ge[1] gi[1] go gu ha[2] he[2] hi[2]

ho[2] hu[2] ja je ji jo ju

ka ke ki ko ku la le

li lo lu ma me mi mo

mu na ne ni no nu pa

pe pi po pu qu ra re

ri ro ru sa se si so

su ta te ti to tu va

ve vi vo vu xa xe xi

xo xu za ze zi zo zu

(1) Devant e et i { c se prononce comme s = se, si.
{ g se prononce comme j = je, ji.

(2) La lettre h ne se prononce pas.

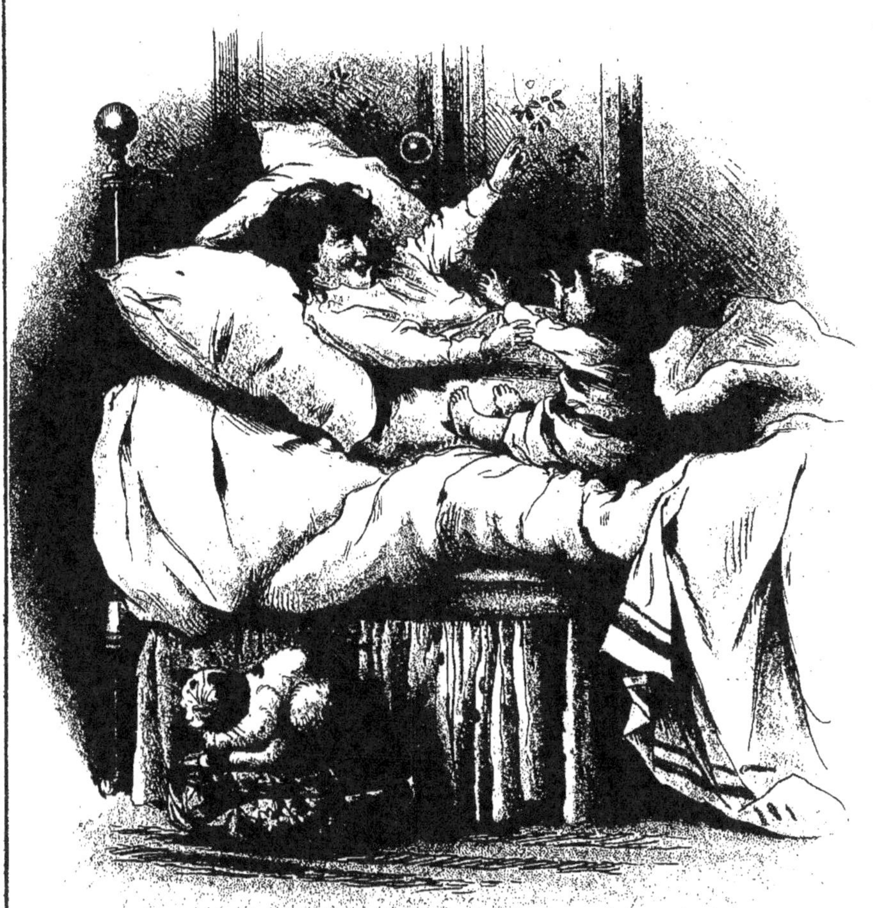

Il y a des enfants qui disent: «C'est ennuyeux, les petits frères! il faut toujours s'occuper d'eux!»

Ce n'est pas l'avis de Pierre. Lui, il adore son Bébé chéri et ne le cèderait à personne pour tout l'or du monde.

Il est bien récompensé de son affection. Aujourd'hui, par exemple, Pierre est resté couché, parce qu'il s'est fait mal au pied; Bébé est venu le retrouver jusque sur son lit. Ils s'amusent ensemble et le temps paraît moins long au jeune malade.

N'est-il pas beau de voir deux frères s'entendant aussi bien?

EXERCICES SUR LA PREMIÈRE LEÇON

Habituer l'enfant à faire le moins d'arrêt possible entre les syllabes d'un mot.

pa-pa	lo-to	ca-ve	li-me	ra-ge
ca-ge	lu-ne	po-li	na-ge	ba-ba
ro-be	bo-bo	do-do	pu-ce	ca-se
pa-ge	ki-lo	ma-re	ri-ve	hu-re
tu-be	vi-de	co-de	vi-te	la-ma
pi-pe	so-le	du-pe	sa-ge	ru-se
pi-le	ga-re	cu-ve	ri-de	cu-re
ga-ze	ta-re	no-te	ju-pe	da-da
ma-ri	pa-pe	fi-le	co-ke	cu-ve
da-me	la-me	da-te	ra-ve	ju-ge
mo-de	ra-vi	ra-re	lo-lo	bu-se
ba-se	ma-ge	ci-me	re-çu	ti-ge
do-du	ro-se	me-nu	sa-le	va-se
ga-la	cu-be	ta-xe	ba-ve	ty-pe
ta-pe	ra-de	si-re	ju-ry	so-lo
bi-le	du-ne	lu-xe	ly-re	bo-ni
mi-di	fa-ce	bo-xe	pa-ri	bu-re
lo-ge	ra-ce	ra-me	ca-le	fi-xe

Jeannette et son petit frère Zizi sont deux
gentils bébés qui aiment leurs parents de
tout leur cœur.

C'est bien naturel, va-t-on dire,
que les enfants aiment un papa
et une maman qui sont pour eux
tout pleins de bonté !

Sans doute, cela se doit;
et pourtant, on ne sait pas
toujours aimer comme ces
deux chers mignons.

Eux ne viendront jamais
embrasser leur maman avec
un air maussade ou des yeux
tout rougis de pleurs capri-
cieux. Ils savent que ce n'est pas
la manière de prouver à sa
petite mère qu'on l'aime.

Jeannette et Zizi sont toujours
gais et de bonne humeur. Aussi
comme on les chérit et combien on
cherche à leur faire plaisir !

Un soir, ils se livraient à une belle partie de jeu de cache-cache, et s'en
donnaient à rire au point de faire aboyer Louton, leur petit chien favori,
lorsque soudain la pendule se mit à sonner : un, deux, trois, quatre, cinq,
six, sept, huit coups.

— Entends-tu, Jeannette? dit la maman.

— Oui, mère, répondit l'enfant, c'est huit heures.

— C'est-à-dire?...

— L'heure d'aller au lit.

— *A pas coucher, moi!* fit Zizi de sa plus douce voix.

— Si! Si! coucher tout de suite, dit alors le papa, pour pouvoir
demain être matinal et souhaiter la fête à grand'mère.

Personne ne répliqua plus: Jeannette, après avoir bien embrassé son petit
père et sa petite mère, ouvrit la marche, suivie de Louton et de Zizi, qui déjà
s'endormait avant qu'on eût eu le temps de le déshabiller.

Imp. Knoth & Bauger Houston.

DEUXIÈME LEÇON — ACCENTS

aigu	grave	circonflexe

é   è à   ê î â ô û

é   bé   dé   fé   pé   ré   té   vé

bé-bé	sa-lé	vi-dé	fu-té	le-vé
pe-lé	la-vé	cu-ré	je-té	cé-dé
lé-sé	me-né	bé-ni	ju-gé	ci-ré

è   lè   nè   sè   bè   dè   là   jà

| zè-le | pè-re | mè-re | dé-jà | cè-ne |
| fè-ve | lè-ve | mè-ne | sè-ve | de-çà |

ê   fê   dô   râ   pâ   tê   sû   vî

pâ-te	cô-te	rê-ve	rô-le	hâ-le
dô-me	fê-lé	râ-pe	pô-le	vê-tu
gê-né	tâ-té	gî-te	mû-re	pâ-le

EXERCICES SUR LES DEUX PREMIÈRES LEÇONS

ca-na-pé	pi-lu-le	mo-dè-le	na-vi-re
ju-ju-be	mo-dé-ré	vi-pè-re	pa-ro-le
ma-la-de	pa-na-de	sa-la-de	ri-va-ge
gi-ra-fe	ca-po-te	bo-bi-ne	ex-po-sé

Le lendemain, quelle joie de souhaiter cette fête !

On voulait surprendre grand'mère au réveil, et l'on n'avait pris le temps ni de s'habiller ni même de se chausser.

A peine les yeux s'étaient-ils ouverts que l'on sortait de sa couchette, pour réclamer à la bonne Nanette ce qu'on devait offrir à la chère aïeule.

C'était, pour Zizi, un joli bouquet, et, pour Jeannette, un compliment que sa petite mère lui avait fait écrire sur un beau papier, en lui guidant la main.

La petite chérie était toute fière de le présenter ainsi à sa bonne maman, en même temps qu'elle le lui dirait par cœur.

On juge si ces aimables enfants furent embrassés et récompensés par l'heureuse grand'mère.

SUITE DES EXERCICES SUR LES DEUX PREMIÈRES LEÇONS

ti-ra-ge	ba-na-ne	na-tu-re	pâ-tu-re
ra-ci-ne	ha-bi-le	fa-ci-le	li-mi-te
li-ma-ce	fu-ti-le	la-va-ge	dé-co-ré
do-ci-le	ca-ba-ne	ba-di-ne	vé-nè-re
fa-ri-ne	pa-va-ge	mi-sè-re	ru-ra-le
co-lè-re	re-mè-de	é-pi-ne	dé-ga-gé
ra-pi-de	to-lé-ré	dé-vo-ré	do-mi-no
ci-ga-re	pa-go-de	pe-ti-te	li-bé-ré
pe-lo-te	ré-pa-ré	ma-li-ce	mo-ra-le
ré-fé-ré	ra-fa-le	di-ri-gé	re-po-sé
vi-va-ce	po-li-ce	pe-ti-te	mâ-tu-re

A-mi Bé-bé se-ra fi-dè-le à sa pa-ro-le.

Il se-ra sa-ge, il li-ra vi-te sa pa-ge.

Ro-se dé-vi-de la pe-lo-te de sa mè-re.

To-to a é-té le mo-dè-le de l'é-co-le.

Lu-ci-le a re-vu sa pe-ti-te mè-re.

Le ma-la-de a bu de la ti-sa-ne.

Le na-vi-re a é-té je-té à la cô-te.

A-dè-le a sa-li la ca-po-te de Cé-li-ne.

René et son petit frère Coco ne sont pas ce qu'on peut appeler des enfants tranquilles.

Quand ils jouent, on les entend dans toute la maison. Et puis, ils ont des idées singulières :

L'autre jour, Coco, qui n'aime pas le potage, se voyait servir avec chagrin une assiette de bouillie au lait. Aussitôt que sa bonne eut le dos tourné, il descendit de sa chaise et dit à son frère :

— Je vais manger ma soupe dans le salon.

En réalité, il voulait en jeter une partie dans un vase à fleurs.

Mais René lui dit :

— Appelle Minet, il t'aidera.

On place l'assiette devant le chat, qui s'empresse d'y tremper son museau rose. Tout d'abord, Coco est ravi de voir comment Minet s'en tire gentiment avec sa petit langue, sans cuillère ; mais au moment où il va dire : «A moi le reste!» il n'y a plus qu'une assiette bien léchée.

Qui fut attrapé? Ce fut Coco, car il avait grand'faim.

TROISIÈME LEÇON

Faire prononcer la syllabe sans épellation.

ac	ec	ic	oc	uc	af	ag	eg
ef	if	of	uf	al	el	ig	og
il	ol	ul	ap	ep	ip	ug	ar
op	up	as	es	is	os	er	ir
us	ab	eb	ib	ob	ub	or	ur
ad	ed	id	od	ud	at	et	it
ot	ut	av	ev	iv	ov	uv	ax
ex	ix	ox	ux	az	ez	iz	oz

bac	bec	bic	boc	buc	bif	mac
nap	nep	nip	nop	nup	nul	mir
lut	lac	lef	lit	lot	nac	moc
nuc	sel	suc	ver	vir	vor	fad
col	cal	pur	vil	tal	jor	foc
gaz	rol	gel	val	cil	mov	nor

EXERCICES SUR LA TROISIÈME LEÇON

gar-de	pos-tu-re	vic-ti-me	par-ta-ge
por-te	dis-pu-te	for-tu-ne	jus-ti-ce
mas-tic	ga-let-te	as-per-ge	ti-ret-te

Pas plus tard qu'avant-hier, René et Coco, qui ont promis d'être bien sages, ont organisé un concert dans l'atelier de peinture de leur père. Ils y entrent, tambour battant, musique en tête.

Mais, au bout d'un moment, Coco trouve que cela ne fait pas assez de bruit. Il va chercher à la cuisine une grande casserole avec une écumoire et une cuillère à pot. Il commence par trainer le tout sur les dalles du couloir en riant à l'avance du plaisir que promettent les sons discordants que cela produit.

Avec ces instruments de musique d'un nouveau genre, on se met en mesure d'exécution.

René, campé comme un soldat, sonne une fanfare de fantaisie, Coco bat le rappel sur sa casserole ; et le chien Love hurle avec désespoir d'entendre cette assourdissante harmo...

Quel vacarme, mes bons amis! Quel vacarme !

Et c'est là ce qu'on appelle être sage! . . . .

SUITE DES EXERCICES SUR LA TROISIÈME LEÇON

La ti-ret-te de la bel-le bot-ti-ne de Gil-ber-te.
Vic-tor a per-du mar-di le ca-nif de pa-pa.
Jus-ti-ne a ter-mi-né la lec-tu-re de sa pa-ge.
Fé-lix re-gar-de le ké-pi du ca-po-ral Vic-tor.
Bé-bé a sa-li la bel-le pe-ti-te ro-be de Cé-li-ne.
Le par-ta-ge de la ga-let-te a-me-na u-ne dis-pu-te.
Mar-cel a vi-te fer-mé la por-te de la sal-le.
Le jo-li pa-ra-sol de Lu-do-vic a é-té per-du.
La ré-col-te du col-za a é-té bel-le et bon-ne.
Hé-lè-ne a ra-mas-sé la can-ne du gé-né-ral.
Jé-rô-me ver-ra le car-na-val à Bar-le-Duc.
Vic-tor val-se-ra a-vec la pe-ti-te Lu-cet-te.

QUATRIÈME LEÇON
Voyelles composées et nasales.

ai (ay ei) au eu (œu) ou
an (am aon ein en) on (om)
in (ain aim ein) un (um eun)

EXERCICES SUR LA QUATRIÈME LEÇON
Faire remarquer que l'e muet ne se prononce pas.

mai geai baie raie paye haie
hai-ne lai-ne vei-ne pei-ne rei-ne
eau veau peau seau au-ne au-ge

Fatigué du concert, René fit disparaître les instruments de musique et dit à Coco :

— Tiens, assieds-toi sur ce coussin et regarde-moi, je vais peindre et tu seras *la critique*, comme dit papa.

Et, saisissant la palette de son père et ses pinceaux, il se met à barbouiller sur un tableau commencé auquel l'artiste donnait tous ses soins. Coco, qui sentait bien qu'on faisait mal, se prit à pleurer bien fort, en attendant la punition qui devait suivre une pareille équipée.

SUITE DES EXERCICES SUR LA QUATRIÈME LEÇON

jau-ne   pau-me   fau-ve   au-mô-ne
fau-vet-te   feu   jeu   peu   jeu-ne
meu-le   seul   veu-ve   cœur   sœur
œuf   bœuf   sou   mou   roue   houe
vou-lu   sou-pé   pou-pée   dou-leur
pan   taon   paon   ma-man   ran-gé
am-bi-gu   am-bu-lan-ce   en-jeu
ren-du   sen-ti   en-lai-di   en-tou-ré
em-por-té   son   don   ton   mon-té
son-dé   en-fon-cé   rom-pu   lin   vin
pin   bain   main   pain   faim   daim   rein
tein-tu-re   é-tin-cel-le   en-fan-tin
a-lun   com-mun   par-fum   à   jeun

Le pou-lain a sau-té le ruis-seau du jar-din.
Mau-ri-ce a u-ne am-pou-le à la main.
Le vé-té-ran Paul a un beau ru-ban rou-ge.
La jeu-ne pou-le jau-ne a pon-du un œuf.
La sœur de Lé-on a peur du bœuf rou-ge.
Lau-ren-ce a vou-lu un beau cer-ceau.
An-to-nin a de-man-dé un ba-teau à va-peur.
Le ma-çon bâ-ti-ra la mai-son de ma-man.

Quand on demandait à Jean combien ils étaient d'enfants, il répondait :

— Nous sommes cinq. Il y a d'abord moi, Jean, l'aîné ; Mimie, ma petite sœur ; Lion, notre chien ; Raton, notre chat, et petite Jeannette, ma filleule, la poupée de Mimie. Et nous sommes tous bons camarades

— Jeannette ne doit pas être la plus turbulente !

— Non, certainement, mais c'est d'elle qu'il faut s'occuper le plus souvent.

— Vraiment ! Et pourquoi cela ?

— Voyez. Si je dis à Raton d'être sage, il s'en ira dans un coin faire son ronron et nous laissera fort tranquilles. Si je dis à Lion de rester en repos, il se couchera. Tandis que si je plante là Jeannette pour aller faire un tour de cerceau, Mimie prétendra tout de suite que sa fille s'ennuie, va tomber malade ; et je dois revenir pour consoler ma sœur.

CINQUIÈME LEÇON

aé   ao   éa   éo   éu   ia   ié   io   iu
oa   oé   oi   oo   ua   ué   ui   uo   ya
yé   yo   yu   éan   éau   iai   iau   ieu
iou   ian   ien   ion   yai   yan   yeu   yon
yan   yen   yon   oin   uai   uau   uan   uin
oua   oué   ouo   ouai   oueu   ouen   ouan

EXERCICES SUR LA CINQUIÈME LEÇON

aéré   aéronaute   cacao   céréale   météore
réunion   ratafia   diadème   coria ce   mariage
acacia   salière   bannière   carrière   matière
laitière   rivière   manière   lumière   lanière
civière   tanière   pierre   ciel   amitié
moitié   artériel   matériel   société   diorama
diocésain   boa   moelle   loi   roi   toi   moi
émoi   joie   boisson   croissance   alcool
tuyau   fléau   lieu   pieu   viande   rien
zoologie   duel   lui   ennui   yatagan   payé
bien   sien   tien   fanion   soin   loin   juin
nuance   louage   rouage   touage   doué
avoué   décloué   déjoué   loueur   louange
Maria joue du piano avec son cousin Pierre.
Daniel boira la moitié d'un verre de bière.

Le grand bonheur de Mimie c'est d'habiller sa poupée pour la conduire à la promenade.

Un jour, elle s'est dit qu'il y avait déjà longtemps qu'elle était la maman de Jeannette, et qu'elle voudrait bien en être le papa.

Elle s'est donc emparée de la canne paternelle, qu'elle porte comme un suisse, et du chapeau à haute forme dont elle s'est affublée, pendant que Jean, transformé en petite maman, abrite Melle Jeannette sous une large ombrelle. Lion ouvre la marche, prêt à défendre le trio contre toute attaque.

Jean préfèrerait certainement jouer à courir ; mais sa sœur est si heureuse de cette promenade qu'il veut lui laisser son plaisir, sachant bien que les plus grands doivent amuser les plus petits.

SUITE DES EXERCICES SUR LA CINQUIÈME LEÇON

Il vaut mieux voir le diorama à la lumière.
Geneviève a été mariée hier à la mairie.
Le ciel est couvert de nuages noirs à l'ouest.
La température du mois de juin a été délicieuse.
Raoul aurait pu se noyer dans la rivière.
Étienne est né le premier août dernier.
La cuisinière a donné du ratafia à Mathieu.

SIXIÈME LEÇON
Faire remarquer la prononciation de ch, chr, gn, ph.

bla	ble	bli	blo	blu	cla	cle	cli
clo	clu	fla	fle	fli	flo	flu	gla
gle	gli	glo	glu	gra	gre	gri	gro
gru	cra	cre	cri	cro	cru	dra	dre
dri	dro	dru	pla	ple	pli	plo	plu
tra	tre	tri	tro	tru	sta	ste	sti
sto	stu	cha	che	chi	cho	chu	gna
gne	gni	gno	gnu	gue	gui	psa	psi
pha	phe	phi	pho	phu	phra	phre
phri	phro	phta	phte	phti	chri

EXERCICES SUR LA SIXIÈME LEÇON

espiègle   stupide   friture   cigogne   glanage
bracelet   critique   déclaré   draperie   croisade

Jean, l'autre jour, a voulu faire asseoir la poupée, sa filleule, sur le bord de la table, pour qu'elle ait, disait-il, l'air d'une demoiselle.

Mais, à peine y fut-elle mise, que son corps trop raide se redressa; et alors, ô désastre! il s'ensuivit une telle chute que la tête, les bras et les jambes furent séparés en trois morceaux.

Mimie était consternée; Jean pleurait. La maman voulait le gronder de son étourderie; mais la fillette dit bien vite:

— Jean ne l'a pas fait exprès; et puis, regarde, petite mère: le docteur pourra la guérir.

La maman, touchée du bon cœur de l'enfant, lui promit de voir, le soir même, un grand médecin qui en vendait de plus belles.

SUITE DES EXERCICES SUR LA SIXIÈME LEÇON

glouton cloporte gravure propreté primitif
flanelle querelle chèvre chapeau photographe
Gabriel, ferme la fenêtre, il fait trop froid.
La propreté est indispensable à la santé.
Un véritable ami est un inappréciable trésor.
Place ce livre illustré sur ma table de travail.
L'espiègle François est caché dans les vignes.
Adolphe a acheté un chapeau et un parapluie.
André recevra un alphabet pour ses étrennes.
Alfred apprend à lire des phrases courtes.
Prête-moi ta plume pour écrire une lettre.
Le photographe a fait le portrait de Christine.

SEPTIÈME LEÇON

ail eil euil œil ill ouil cail fail meil
veil rill fouil nouil pouil rouil souil

EXERCICES SUR LA SEPTIÈME LEÇON

bail mail seuil deuil treuil
fille rouille raillé corail réveil
sommeil feuille chevreuil œillette
billard pillage fenouil fouille
paillasse trouvaille merveille famille
brillant quenouille andouille citrouille

— Si tu veux, Mimie, dit Jean, nous allons jouer au dentiste?

— Comment fait-on, dis?

— Attends, je vais te montrer.

Alors, prenant sa sœur dans ses bras, il l'assied dans un grand fauteuil, où il a mis un coussin pour lui appuyer la tête. Puis il court chercher des tenailles et dit d'une voix grave:

— Ouvrez la bouche, madame. Quelle est la dent qui vous fait souffrir?

Et il approche l'instrument de fer, en disant:

— Cette dent doit être arrachée!

— Oh non! non! s'écrie Mimie, toute tremblante. Ce n'est pas un beau jeu, le dentiste! J'aime mieux que tu y joues avec Raton

HUITIÈME LEÇON

Mots où l's entre deux voyelles se prononce comme z et où t devant i se prononce comme c.

liseron résine fuseau oiseau croisée
diocèse lésion fusain cloison maison
roseau voisin misère saison disette
casier basane rasade rasoir toison
nation action faction émotion quotient
patience factieux capétien balbutier

NEUVIÈME LEÇON

Mots dont la dernière lettre est nulle.

dans	fruit	froid	vieux	accent
banc	choux	bois	flanc	succès
sang	nous	trois	tabac	cieux
dard	nord	porc	prix	toux

CHIFFRES ARABES

1 2 3 4 5 6 7 8 9 0

10 11 12 13 14 15 16 17 18 19 20

21 32 43 54 65 76 87 98 100 200

210 225 342 467 583 628 990 1000

CHIFFRES ROMAINS

I II III IV V VI VII VIII IX X

1 2 3 4 5 6 7 8 9 10

Mimie, ayant eu grand' peur, s'était sauvée seule dans un coin. Jean, pour se remettre dans ses bonnes grâces, vint lui dire :

— Viens, je vais te donner des confitures ; j'ai vu que l'armoire est ouverte, j'en prendrai facilement.

— Maman grondera, dit Mimie sagement.

— Elle ne le saura pas, répondit Jean.

Voilà nos deux compagnons qui se dirigent vers l'armoire.

Jean ouvre la porte et prend un pot de confitures d'abricots.

— Je l'aime beaucoup, dit Mimie ; mais nous n'avons pas de cuillère.

— Ça ne fait rien, répond Jean, nous ferons comme le chat.

Et, trempant ses doigts dans la compote, il les tend à Mimie qui les lèche sans façon. Lui-même en fait autant.

On renouvelle l'opération plusieurs fois ; mais bientôt la confiture ne paraît plus aussi bonne.

— N'a plus faim, Mimie ! dit la fillette.

Jean remet le pot sur la planche. Il veut recommencer à jouer avec sa sœur ; mais ils n'ont plus leur entrain ordinaire.

Au diner, ils ne peuvent manger ; et quand le fameux pot, presque vide, arrive sur la table, la maman s'écrie :

— Tiens ! Qui donc a touché à la confiture ?

— C'est le chat ! dit Jean. Je l'ai vu dans la salle à manger.

EXERCICES DE RÉCAPITULATION

Lisette portera au soleil la feuille mouillée.
J'ai cueilli ce beau raisin à la treille voisine.
L'oiseau est perché sur la croisée de ma chambre.
Le succès est la récompense de l'application.
Louis a rapporté des pois et des choux du jardin.
Les fruits de notre verger seront bientôt mûrs.
L'abeille a piqué Charles au poignet droit.
La charité a sauvé cette famille de la misère.
Mon professeur demeurait 64, rue du Marché.
Mon filleul Julien est né à Paris le 4 juillet 1892.
J'ai lu le chapitre IX jusqu'à la page 217.
Nous partirons jeudi par le train de 9 h. 45.

tâter   tantôt   tentation

tâter, tantôt, tentation.

prix pain pré pépin

prix, pain, pré, pépin.

quête quai quinquet

quête, quai, quinquet.

kaolin kilo kakatoès

kaolin, kilo, kakatoès.

huile charbon homme

huile, charbon, homme.

On vit bientôt, hélas ! quel était le chat ; car, après le diner, les enfants, ayant voulu reprendre leurs amusements, ne purent y parvenir : Mimie se coucha par terre et s'endormit, sous le poids de la lourde chose sucrée qui chargeait son estomac ; tandis que Jean, le cœur malade, s'était étendu dans un fauteuil, en attendant la catastrophe de l'indigestion, qui ne pouvait manquer d'arriver.

Jean et Mimie comprirent alors que la gourmandise est un vilain défaut

et le mensonge un mal inutile. Aussi se promirent-ils de ne plus être ni menteurs ni gourmands ; et ils tinrent parole.

zinc zone gaz zouave

zinc, zone, gaz, zouave.

rage geai vague ange

rage, geai, vague, ange.

soleil lilas œillet clou

soleil, lilas, œillet, clou:

quinze ozone zigzag

quinze, ozone, zigzag.

noyer yeuse synonyme

noyer, yeuse, synonyme.

Montrons de la persévérance.

Parlez peu, écoutez beaucoup.

Un bienfait n'est jamais perdu.

Aimez ardemment la patrie.

FIN

3280-92. — Corbeil. Imprimerie Crété.